EN CADEAU

LA VERSION AUDIO DU LIVRE

COMMENT ÇA MARCHE ?

1

TÉLÉCHARGEZ L'APP
Quelle Histoire

2

DÉVERROUILLEZ
votre livre

3

ÉCOUTEZ
votre histoire

Disponible sur App Store

DISPONIBLE SUR Google Play

Application compatible toutes tablettes et smartphones
à partir de iOS 8 et Android 4.4.

Quelle Histoire

Édition et conception : Unique Heritage Editions SAS. 141, boulevard Ney 75018 Paris
Illustrations : Bruno Wennagel, Mathieu Ferret, Aurélie Verdon
Textes : Patricia Crété
Édition : Leslie-Fleur Picardat
Direction artistique : Kagna Toung
Maquette : Marie Colas

Siège social : 141, boulevard Ney 75018 Paris

www.quellehistoire.com

Achevé d'imprimer en France par Pollina (85) - n°41492C

Dépôt légal mars 2019

Loi n°49-956 du 16 juillet 1949 sur les publications destinées à la jeunesse

PEFC 10-31-2841

HERCULE

L'ENFANCE D'HERCULE

C'est à Thèbes, en Grèce, que vivent Alcmène et son mari Amphitryon. Un jour, Zeus, le roi des dieux, prend la forme d'Amphitryon pour séduire Alcmène... De cette union va naître un petit garçon : Hercule. Fils d'une mortelle et d'un dieu, il est doté d'une force incroyable. Une nuit, alors qu'il dort aux côtés de son demi-frère Iphiclès, deux serpents se faufilent dans leur berceau... Iphiclès est terrorisé, mais Hercule n'est pas du tout impressionné. Il s'empare des deux reptiles et les étrangle ! Bientôt, Héra, l'épouse de Zeus, apprend l'existence de l'enfant... Terriblement jalouse, la déesse va tout faire pour embêter notre héros tout au long de sa vie.

I

UNE JEUNESSE TUMULTUEUSE

En grandissant, Hercule apprend le maniement des armes. S'il est indiscipliné, il est aussi très puissant... À 18 ans, il mesure plus de deux mètres ! Le temps passe, il se marie et devient papa. Mais un jour, pris d'un coup de folie sous l'influence de Héra, il s'en prend à sa femme et à ses enfants. Plein de remords, il va rencontrer la Pythie, l'oracle de Delphes, cette femme choisie par les prêtres qui parle au nom des dieux et prédit l'avenir. Elle lui dit : « Tu as commis une grave erreur. Voilà ta punition : tu vas te mettre au service de ton cousin Eurysthée, le roi de Mycènes. Il va te mettre à l'épreuve. Allez, va ! »

1re ÉPREUVE

LE LION DE NÉMÉE

Eurysthée ordonne à son cousin de réaliser douze épreuves : ce sont les douze travaux d'Hercule. Le héros se rend d'abord à Némée, où vit un lion dont la peau est si dure que le fer ne peut la transpercer. L'animal effraie les habitants : il dévore les troupeaux et les enfants. Hercule, lorsqu'il le voit, tire une volée de flèches, qui rebondissent sur le fauve. Puis il utilise sa massue qui se brise. Alors, il décide de prendre la bête à bras-le-corps et de l'étrangler, ce qu'il réussit à faire tant sa force est « herculéenne ». Fier, il rapporte la peau du lion à son cousin, avant de la revêtir pour se protéger.

2^{E} ÉPREUVE

L'HYDRE DE LERNE

L'hydre est un monstre à neuf têtes. À chaque fois qu'on en coupe une, elle repousse en double… Un vrai problème pour Hercule ! Recouvert de sa peau de lion pour éviter les morsures, il se rend à côté de la ville d'Argos où vit la créature, près d'un marais. Notre héros tente de couper les têtes de l'hydre, mais celles-ci croissent à une vitesse terrifiante. Alors, Hercule appelle son neveu Iolas à l'aide : « Tu vois ces branchages ? Allume-les et, dès que j'ai coupé une tête, brûle la cicatrice. Comme cela, elle ne repoussera pas… » Forts de cette ruse, les deux hommes viennent à bout de cette horrible bête.

3^{E} ÉPREUVE

LE SANGLIER GÉANT D'ÉRYMANTHE

Cette espèce d'immense cochon sauvage habite les forêts du mont Érymanthe, situé au nord-ouest de l'Arcadie. Hercule doit rapporter l'animal vivant à son cousin. Après un long et périlleux voyage, le voilà enfin arrivé dans la région où vit le sanglier. « Il va falloir être malin, car je ne dois pas le tuer », pense-t-il. Il a alors l'idée de creuser un trou dans la neige et de pousser l'animal dans le piège… Et celui-ci s'épuise pour en sortir ! Cette astuce permet à notre héros de l'attraper, l'enchaîner et le rapporter sur son dos à Mycènes, chez son cousin.

4e ÉPREUVE

LA BICHE DE CÉRYNIE

Eurysthée demande ensuite à Hercule de lui ramener un nouvel animal : une biche qui vit dans son repaire de Cérynie. Elle est belle avec ses cornes d'or, ses sabots d'airain (une sorte de cuivre), son pelage tacheté... Et, surtout, elle est d'une extrême rapidité. Artémis, la déesse de la Chasse, est fascinée par l'animal. Lorsqu'elle apprend qu'Hercule a réussi à la capturer, elle lui dit : « Promets-moi de la libérer quand tu l'auras montrée à ton cousin. » Eurysthée souhaite la mettre dans sa ménagerie, mais Hercule tient parole et libère la biche qui s'enfuit dans la campagne.

5E ÉPREUVE

LES OISEAUX DU LAC STYMPHALE

En Arcadie, au bord d'un lac, vit une multitude d'oiseaux étranges : leurs becs, leurs pattes et leurs ailes sont en bronze. Ils se servent de leurs plumes acérées pour tuer les habitants et les animaux. Hercule doit tous les éliminer ! Il prend position sur une colline toute proche pour pouvoir lancer ses flèches. Mais comment faire fuir les oiseaux ? C'est alors qu'Athéna, déesse de la Guerre et de la Sagesse, apparaît et lui tend une petite cloche de bronze. Notre héros la secoue... Devant le bruit épouvantable, les oiseaux s'envolent. Hercule tire et parvient à abattre la plupart des volatiles.

6^{E} ÉPREUVE

LES ÉCURIES D'AUGIAS

Augias, le roi d'Élis, est l'homme le plus riche de la Terre. Ses étables abritent des centaines de taureaux et de vaches. Mais elles n'ont pas été nettoyées depuis des années. L'odeur est épouvantable ! Hercule doit tout remettre au propre en une journée seulement, une épreuve que tous disent impossible... Et pourtant ! Iolas vient en aide à son oncle : « Nous allons faire un trou dans le mur des étables et détourner le cours des deux ruisseaux qui passent à côté de la ferme... En un rien de temps, tout sera propre sans avoir à balayer ! » Encore une fois, Hercule réussit son épreuve.

7^{E} ÉPREUVE

LE TAUREAU CRÉTOIS DE MINOS

Toute la Grèce célèbre Hercule, dont les six premiers travaux sont devenus des exploits incontestés. Eurysthée, très jaloux, décide alors d'envoyer son cousin en Crète, où règne le roi Minos. Une créature ravage l'île et notre héros doit la capturer. « Je suis bien content que tu sois venu nous débarrasser de ce taureau à la force incroyable », lui dit le souverain. À mains nues, Hercule attaque la bête... Après un long combat, il arrive à la neutraliser. Enchaînée, elle est transportée à Mycènes, preuve une nouvelle fois qu'Hercule est le plus fort et le plus courageux de tous les Grecs.

8E ÉPREUVE

LES JUMENTS DE DIOMÈDE

Cette fois, notre héros part pour la Thrace, chez Diomède, un roi cruel qui règne sur le peuple des Bistones et qui garde dans ses écuries quatre juments, mangeuses d'hommes. Elles se prénomment Dinos, Lampon, Podargos et Xanthos. Hercule va devoir les attraper. Aidé de son ami Abdère, fils du dieu Hermès, il parvient à les capturer. Malheureusement, les terribles créatures dévorent le compagnon d'Hercule ! Fou de désespoir, ce dernier s'empare du roi, qu'il donne à manger à ses propres juments... Enfin rassasiées, elles se laissent conduire à Mycènes sans trop de résistance.

X

9^{E} ÉPREUVE

LA CEINTURE D'HIPPOLYTÉ, REINE DES AMAZONES

Cap vers la terre des Amazones. Le voyage en bateau est pénible... Après plusieurs jours en mer, l'équipage arrive dans le port de Thémiscyre, où vit la reine Hippolyté qu'Hercule doit approcher pour s'emparer de sa ceinture. La reine, tombée sous le charme du héros, lui dit : « Je te donne cette ceinture en signe d'amour. » Tout aurait pu bien se terminer, mais c'était sans compter sur la jalousie de Héra qui organise un complot dont Hippolyté est la victime. Les Amazones s'attaquent alors à Hercule et ses hommes qui s'enfuient. Heureusement, ils repartent avec la fameuse ceinture.

10^{E} ÉPREUVE

LE TROUPEAU DE GÉRYON

Direction l'île d'Érythie où Hercule doit s'emparer du troupeau de bœufs du monstrueux roi Géryon, qui a trois têtes, six bras et trois corps ! Il voyage par le sud, à travers l'Afrique et, pour signaler son passage vers l'Europe, il frappe de toutes ses forces sur le sol, ce qui provoque un fort tremblement de terre. Cela crée une ouverture de la mer Méditerranée – le détroit de Gibraltar – et deux montagnes, baptisées « Colonnes d'Hercule ». Après avoir envoyé des flèches dans chacune des têtes de Géryon, il capture le troupeau et commence le chemin du retour, par le nord.

XII

11e ÉPREUVE

LES POMMES D'OR DU JARDIN DES HESPÉRIDES

C'est dans un jardin que pousse le pommier aux fruits d'or, gardé par les Hespérides, filles du Titan Atlas. Quand Hercule le rencontre, Atlas dit : « Je suis le seul à pouvoir me rendre au jardin et ramener les pommes d'or. Il faut que tu portes le Ciel à ma place. » Hercule accepte, mais Atlas, qui a récupéré les pommes, serait heureux de le laisser porter le Ciel. Le héros comprend qu'il va devoir ruser : « Je garderai le Ciel, mais peux-tu me remplacer le temps que je protège mes épaules pour ne pas me blesser ? » Atlas accepte. Hercule en profite alors pour ramasser les fruits, et file vite les rapporter à son cousin.

12ᴱ ÉPREUVE

LE CHIEN CERBÈRE

Voici la dernière épreuve d'Hercule : se rendre dans les Enfers pour attraper son gardien, le chien Cerbère. C'est au cap Ténare, au sud de la Grèce, qu'il emprunte le tunnel qui mène sous terre. Il rencontre alors Hadès, le dieu des Morts, et lui dit : « Je suis venu pour enlever Cerbère. » Celui-ci répond : « Pourquoi pas, mais à condition que tu n'utilises aucune arme. » Le marché est conclu. Hercule suit les traces de la bête, la trouve et réussit à l'immobiliser. Il la ramène à Mycènes, mais Eurysthée, terrifié, ordonne à son cousin de renvoyer le molosse aux Enfers et de quitter la ville… pour toujours.

LES DERNIÈRES ANNÉES

Notre héros a terminé ses douze longues et pénibles épreuves. Il va maintenant pouvoir se reposer ! Il se remarie, fonde une nouvelle famille et a de nombreux enfants. Mais il n'est toujours pas sage... Sa femme, Déjanire, lui fait revêtir un manteau enduit d'une potion censée le rendre fidèle. Mais elle l'empoisonne involontairement et le tue... Zeus arrive avec son char et enlève notre héros pour rejoindre l'Olympe, le domaine des dieux. Hercule accède à l'immortalité et épouse Hébé, la déesse de la Jeunesse. Il est désormais fidèle et son histoire devient connue dans le monde entier.

LE PARCOURS D'HERCULE

LÉGENDE DE LA CARTE

1

NÉMÉE (GRÈCE)

Ce lieu est connu pour avoir été un centre religieux important. Hercule y a vaincu un terrible lion.

2

LERNE (GRÈCE)

Cette zone marécageuse se situe dans le Péloponnèse. Notre vaillant héros y a affronté l'hydre.

3

MONT ÉRYMANTHE (GRÈCE)

Situé dans une région boisée, ce mont se dresse à 2 000 m d'altitude. Hercule y a pris au piège un sanglier.

4

CÉRYNIE (GRÈCE)

C'est une ville, mais aussi une colline, au nord-ouest du Péloponnèse. Hercule y a attrapé une splendide biche.

5

STYMPHALE (GRÈCE)

Des ruines antiques témoignent du passé de cette ville. Notre héros y a abattu des oiseaux faits de bronze.

6

ÉLIS (GRÈCE)

Cette cité, située au Péloponnèse, organisait les Jeux olympiques. Hercule a dû y nettoyer les écuries du roi Augias.

7

CRÈTE (GRÈCE)

Cette île, située au sud de la Grèce, est réputée pour son huile d'olive. C'est ici qu'Hercule s'est mesuré à un taureau.

8

THRACE (GRÈCE)

Cette région se partage aujourd'hui entre la Bulgarie, la Turquie et la Grèce. Hercule y a capturé les juments du roi Diomède.

9

THÉMISCYRE (TURQUIE)

Cette ville située en Cappadoce devait se localiser près de la ville de Terme. Hercule y a rencontré les Amazones.

10

CADIX (ESPAGNE)

L'île légendaire d'Érythie serait située non loin de la ville de Cadix. C'est là qu'Hercule se serait emparé du troupeau de Géryon.

11

GIBRALTAR (EUROPE-AFRIQUE)

Deux promontoires se font face, les « Colonnes d'Hercule » : le mont Calpé en Europe et le djebel Musa en Afrique. Là sont les Hespérides.

12

CAP TÉNARE (GRÈCE)

On l'appelle aussi cap Matapan. Il se situe tout au sud de la Grèce. Hercule s'y est rendu pour aller aux Enfers et battre Cerbère.

DÉCOUVREZ LA COLLECTION

Mythes & Légendes

GRECQUE

ÉGYPTIENNE

NORDIQUE

MÉDIÉVALE